Learn C

2nd edition

First published on November 17th, 2014 as Kindle Edition

ISBN-13: 978-1503252233
ISBN-10: 150325223X

learnoutlive.com

Table of Contents

Introduction

In this sequel to "Karneval in Köln", Dino is making his way into the heart of Munich, capital of the Free State of Bavaria and home of the world-famous Oktoberfest. Bewildered by the Bavarian dialect and trying to get his head around local cuisine and customs, he finally lands a steady new job in a legendary location. But it's only so long before a new acquaintance and the world's largest funfair catapult him out of his everyday routine.

Explore the wonders of Munich in the autumn, learn about local sights and sounds, and improve your German effortlessly along the way!

~

This book is designed to help beginners make the leap from studying isolated words and phrases to reading (and enjoying) naturally flowing German texts.

Using simplified sentence structures and a very basic vocabulary, this collection of short stories is carefully crafted to allow even novice learners to appreciate and understand the intricacies of coherent German speech.

Each chapter comes with a complete German-English dictionary, with a special emphasis on collocative phrases (high frequency word combinations), short sentences and expressions.

By working with these "building blocks" instead of just single words, learners can accelerate their understanding and active usage of new material and make the learning process more fluid and fun.

TIP: *Boost your comprehension skills by listening to the official audiobook, narrated by the author.*

Get it on Audible, Apple Books, Google Play, as MP3 or on Compact Disc. For more information visit:
learnoutlive.com/muenchen-audio

How To Read This Book

Before we start, we should acknowledge that there will be many unknown words in the following stories and that there are, in fact, various ways to deal with this very common problem for language learners of all ages and stages.

1. If you want to get the most out of these stories, you'll have to establish some kind of *Lesefluss* (reading flow). You might be reading quickly or slowly, it doesn't matter — as long as you keep on reading and allow context and continuity to clear your questions.

2. Furthermore, important or difficult words (and short phrases) are appended to each chapter with an English translation for quick look-ups.

3. In addition to that we recommend using a good German-English online dictionary (such as dict.cc or dict.leo.org) on your computer or mobile device while reading the following stories.

1. Eine unendliche Geschichte

~

Es ist **Montagmorgen**. Ich bin **müde**. Das **Wochenende** war **wie immer zu kurz**. Herr Jäger **wartet bereits** auf **mich**. Er **gibt mir Eimer** und **Lappen** und **sagt**: „**Ran an die Arbeit!**"

In **ein paar Tagen beginnt** das Oktoberfest.

Viele Touristen **werden kommen.** Und **alles** muss **sauber sein.** „*Picobello!*", sagt Herr Jäger immer. Er **denkt,** es ist ein italienisches **Wort.** Aber er hat **keine Ahnung.** Das Wort **existiert nur** in der deutschen **Sprache.**

Ich arbeite in den *Bavaria Filmstudios.* Das **Arbeitsamt hat mir** diesen Job **gegeben.** Ich **dachte zuerst,** ich werde **als Schauspieler** arbeiten. Aber nein. Ich bin nur **Putzkraft.** Mein Deutsch ist **noch nicht gut genug,** haben sie gesagt.

Es gibt jeden Tag Führungen durch die Studios. Touristen kommen **aus der ganzen Welt.** **Berühmt**e Filme **wie** *Die Unendliche Geschichte* und *Das Boot* **wurden hier gedreht. Sogar** internationale **Regisseure** und Schauspieler wie Alfred Hitchcock und Sofia Loren haben hier gearbeitet.

Meine Arbeit ist **auch** eine **unendliche Geschichte.** Ich **putze** jeden **Morgen.** Und **am nächsten Tag** ist alles **wieder schmutzig.** Es gibt hier viele **Original-Requisiten. Manchmal** finde ich **Kaugummis** im **Fell** von dem **Glücksdrachen**

9

Fuchur. An **anderen Tagen** muss ich die **Wände** von dem **U-Boot** putzen, weil wieder **jemand** etwas darauf **gekritzelt** hat.

Der Job ist sehr **langweilig**. Ich arbeite **allein** und es ist **meistens sehr still**. Ich **bekomme** acht Euro **pro Stunde**. Das ist **nicht schlecht**, aber das **Leben** ist **ziemlich teuer** in München.

Mein **Chef**, Herr Jäger, ist sehr **streng**. Ich **darf nicht** zu viele **Pausen machen**. Aber ich **weiß, wo** die **Sicherheitskameras** sind. **Deshalb** ist mein **Lieblingsplatz** im U-Boot. **Dort können** die Kameras **nichts sehen**. Es gibt auch ein paar **Kojen**. Manchmal **schlafe** ich **eine halbe Stunde**, oder trinke **Kaffee** aus meiner **Thermoskanne**.

Niemand kennt mein **geheimes Versteck**. Den Film *Das Boot* habe ich **nie gesehen**. Aber **in meinen Träumen** bin **ich selbst** Kapitän, *Tausend Meilen unter dem Meer*. Ich **träume von Killerkraken, Meerjungfrauen** und **verlorenen Zivilisationen**. Einmal habe ich **eine riesige Schildkröte** gesehen. Sie hatte das **Gesicht** von Herrn Jäger. Dann bin ich **schnell aufgewacht**.

~

Montagmorgen: Monday morning | **müde**: tired | **Wochenende**: weekend | **wie immer**: as always | **zu kurz**: too short | **wartet auf mich**: waits for me | **bereits**: already | **gibt mir**: gives me | **Eimer**: bucket | **Lappen**: rag | **sagt**: says | **Ran an die Arbeit!**: Get to work! | **ein paar**: a few | **Tage**: days | **beginnt**: begins | **viele**: many | **werden kommen**: will come | **alles**: everything | **sauber sein**: be clean | **picobello**: spic and span | **denkt**: thinks | **Wort**: word | **keine Ahnung**: no clue | **existiert**: exists | **nur**: only | **Sprache**: language | **arbeite**: work | **Arbeitsamt**: employment office | **hat mir ... gegeben**: has given me ... | **dachte**: thought | **zuerst**: first | **als Schauspieler**: as an actor | **Putzkraft**: cleaner | **noch nicht**: not yet | **gut genug**: good enough | **es gibt**: there is/are | **jeden Tag**: every day | **Führungen**: guided tours | **durch**: through | **aus der ganzen Welt**: from around the world | **berühmt**: famous | **wie**: like | **wurden hier gedreht**: were shot here | **sogar**: even | **Regisseure**: directors | **auch**: also | **unendliche Geschichte**: neverending story | **putze**: clean | **Morgen**: morning | **am nächsten Tag**: the next day | **wieder**: again | **schmutzig**: dirty | **Original-Requisiten**: original props | **manchmal**: sometimes | **Kaugummis**: chewing gum | **Fell**: fur | **Glücksdrachen Fuchur**: Luckdragon Falkor [character from the 'Neverending Story'] | **an anderen Tagen**: on other days | **Wände**: walls | **U-Boot**: submarine | **weil**: because | **jemand**: someone | **etwas**: something | **darauf**: on it | **gekritzelt**: scribbled | **langweilig**: boring | **allein**: alone | **meistens**: mostly | **sehr still**: very quiet

| **bekomme**: get | **pro Stunde**: per hour | **nicht schlecht**: not bad | **Leben**: life | **ziemlich**: pretty | **teuer**: expensive | **Chef**: boss | **streng**: strict | **darf nicht**: mustn't | **Pausen machen**: take breaks | **weiß**: know | **wo**: where | **Sicherheitskameras**: security cameras | **deshalb**: therefore | **Lieblingsplatz**: favorite place | **dort**: there | **können nichts sehen**: can not see anything | **Kojen**: bunks | **schlafe**: sleep | **eine halbe Stunde**: half an hour | **Kaffee**: coffee | **Thermoskanne**: thermos bottle | **niemand**: nobody | **kennt**: knows | **geheimes Versteck**: secret hideout | **nie**: never | **gesehen**: seen | **in meinen Träumen**: in my dreams | **selbst**: myself | **Tausend Meilen unter dem Meer**: thousand leagues under the sea | **träume von**: dream of | **Killerkraken**: killer octopuses | **Meerjungfrauen**: mermaids | **verlorene Zivilisationen**: lost civilizations | **eine riesige Schildkröte**: a giant tortoise | **Gesicht**: face | **schnell**: quickly | **aufgewacht**: woke up

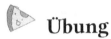 **Übung**

1. Wo arbeitet Dino?

a) beim Arbeitsamt

b) in den Bavaria Filmstudios

c) auf dem Oktoberfest

2. Was arbeitet Dino?

a) Er putzt.

b) Er ist Schauspieler.

c) Er ist Touristenführer.

3. Der Job ist sehr ...

a) schön

b) anstrengend

c) langweilig

4. Dino bekommt ... pro Stunde.

a) acht Euro

b) achtzehn Euro

c) achtzig Euro

5. Wer ist Herr Jäger?

a) Dinos Freund

b) Dinos Kollege

c) Dinos Chef

6. Warum macht Dino Pausen im U-Boot?

a) Es gibt dort keine Sicherheitskameras.

b) Es gibt dort viele Kollegen.

c) Es gibt dort eine Kaffeemaschine.

2. Willkommen in Minga

~

Es war **nicht so leicht**, in München eine **Wohnung** zu finden. Ich habe **viel gesucht. Die meisten** Wohnungen waren zu teuer. **Am Ende** habe ich ein kleines **Zimmer** in einer **WG gefunden**. Der **Preis** war gut und die **Lage** auch, nur fünf Minuten vom *Marienplatz* **entfernt**, sehr **zentral**.

Mein **Mitbewohner heißt** Sebastian, aber **alle nennen ihn** „Wastl". Er ist **ein richtiger Bayer**. Er **kommt aus** einem kleinen **Dorf am Fuß der Alpen**. Wastl **spricht Bairisch**. Das ist ein deutscher Dialekt, aber **für mich** ist es wie eine **neue** Sprache. Es ist sehr **frustrierend**.

Auf Bairisch heißt München **zum Beispiel** „Minga". Ein **Buch** ist ein „Biachal", ein **Kopf** ist ein „Dez" und „Foda" bedeutet **Vater**. Man sagt nicht „Hallo", **sondern** „Servus", "Grias di" (Grüß dich) oder „Grias God". Das bedeutet **wörtlich** „Grüß Gott". (Die Bayern sind sehr **katholisch**. Es ist **fast wie zu Hause** in Sizilien.)

Wastl **studiert Landwirtschaft** in München. Ich **sehe** ihn nicht sehr **oft**. Unser **Tagesrhythmus** ist sehr **verschieden**, aber manchmal essen wir **zusammen**. Wastl **versucht Hochdeutsch** mit mir zu sprechen, aber **es funktioniert nicht** immer.

Am ersten Morgen in der neuen Wohnung haben wir zusammen Frühstück gegessen. Wastl hatte ein traditionelles bayrisches **Frühstück zube-**

reitet.

„Servus, Dino!", sagte Wastl. „**Gut geschlafen?**"

„Guten Morgen", sagte ich und **gähnte.**

„**Magst du** *Waiswuaschd*?", fragte Wastl.

„*Wais...was*?", fragte ich.

„**Weißwurst**", sagte Wastl auf Hochdeutsch. „**Kennst du nicht?**"

„Nein", sagte ich und **schüttelte meinen Kopf.** „**Ich glaube nicht.**"

„Hier", sagte Wastl und **gab mir** einen **Teller.** Auf dem Teller **lagen** zwei **Würste** und eine **Brezel.** „*An guadn!*", sagte er.

„**Wie bitte?**", fragte ich.

„Ah", sagte Wastl. „Das bedeutet ‚**Guten Appetit**' auf Bairisch."

„**Ach so**", sagte ich und **starrte auf** den Teller. Die Wurst war **weiß wie Schnee.** Ich **nahm** eine **Gabel** in die Hand, aber Wastl schüttelte den Kopf.

„**Na**", sagte er. „**Zuzeln!**"

„Was?", fragte ich.

„Mit den Fingern!", sagte Wastl. „Hier, **schau!**" Er

nahm eine Wurst in die Hand, **steckte** sie **in seinen Mund** und **saugte. Nach** ein paar **Sekunden warf** er die **Pelle** auf den Teller und sagte: „**Jetzt** du!"

„Äh, ich glaube, ich esse **erst einmal** ein **bisschen** Brezel", sagte ich und **begann zu kauen.** „Mmh, sehr **lecker.** Gibt es Kaffee **dazu**?"

„Na", sagte Wastl und **lachte.** Er **stand auf, ging** in die Küche und **kam mit zwei großen Gläsern zurück.** Dann **öffnete** er zwei **Flaschen.**

„**Bier**?", fragte ich. „**Zum Frühstück**?"

„Ja **freilich!**", sagte Wastl und lachte. Er **hob** sein Glas und sagte: „Willkommen in *Minga.* **Prost!**"

~

nicht so leicht: not so easy | **Wohnung**: apartment | **viel**: a lot
| **gesucht**: searched | **die meisten**: most | **am Ende**: at the end |
Zimmer: room | **WG (Wohngemeinschaft)**: shared apartment
| **gefunden**: found | **Preis**: price | **Lage**: location | **nicht weit
von ... entfernt**: not far away from ... | **zentral**: central |
Mitbewohner: roommate | **heißt**: is called | **alle nennen ihn**:
everybody calls him | **ein richtiger Bayer**: a real Bavarian |
kommt aus: comes from | **Dorf**: village | **am Fuß der Alpen**:
at the foot of the Alps | **spricht**: speaks | **Bairisch**: Bavarian
(dialect) | **für mich**: for me | **neu**: new | **frustrierend**:
frustrating | **zum Beispiel**: for example | **Buch**: book | **Kopf**:
head | **bedeutet**: means | **Vater**: father | **sondern**: but |
wörtlich: literally | **katholisch**: catholic | **fast wie**: almost like |
zu Hause: at home | **ohne**: without | **studiert**: studies |
Landwirtschaft: agriculture | **ich sehe**: I see | **oft**: often |
Tagesrhythmus: daily rhythm | **verschieden**: different |
zusammen: together | **versucht**: tries | **Hochdeutsch**: standard
German | **es funktioniert nicht**: it doesn't work | **am ersten
Morgen**: on the first morning | **gegessen**: eaten | **zubereitet**:
prepared | **Gut geschlafen?**: Did you sleep well? | **gähnte**:
yawned | **Weißwurst**: (Bavarian) veal sausage | **Magst du ...?**:
Do you like ...? | **Was?**: What? | **Kennst du nicht?**: Don't you
know? | **schüttelte meinen Kopf**: shook my head | **Ich glaube
nicht**: I don't think so | **gab mir**: gave me | **Teller**: plate |
lagen: lay | **Würste**: sausages | **Brezel**: pretzel | **Wie bitte?**: I
beg your pardon? | **Guten Appetit!**: Enjoy your meal! | **Ach so,**

...: Oh, I see, ... | **starrte auf**: stared at | **weiß wie Schnee**: white as snow | **nahm**: took | **Gabel**: fork | **Na!**: No! [Bavarian dialect] | **zuzeln**: to suck [dialect] | **Schau!**: Look! | **steckte ... in den Mund**: put ... in his mouth | **saugte**: sucked | **nach**: after | **Sekunden**: seconds | **warf**: threw | **Pelle**: skin [sausage] | **jetzt**: now | **erst einmal**: for starters | **ein bisschen**: a little bit | **begann zu kauen**: began to chew | **lecker**: delicious | **dazu**: along with it | **lachte**: laughed | **stand auf**: stood up | **ging**: went | **kam zurück**: came back | **mit zwei großen Gläsern**: with two large glasses | **öffnete**: opened | **Flaschen**: bottles | **Bier**: beer | **Zum Frühstück**: breakfast | **Freilich!**: Sure enough! | **hob**: raised | **Prost**: cheers

 **Übung**

1. Es war ... eine Wohnung zu finden.

a) sehr leicht

b) nicht so leicht

c) sehr schwierig

2. Am Ende hat Dino ... gefunden.

a) ein Haus

b) ein WG-Zimmer

c) eine Wohnung

3. Dinos Mitbewohner kommt ...

a) aus einem Dorf

b) aus einer Kleinstadt

c) aus einer Großstadt

4. Wie sagt man „München" auf Bairisch?

a) Mingo

b) Minge

c) Minga

5. Wie findet Dino den bairischen Dialekt?

a) schön

b) frustrierend

c) schrecklich

6. Wastl studiert ... in München.

a) Landwirtschaft

b) Wirtschaft

c) Wissenschaft

7. Was gibt es zum Frühstück?

a) Weißwurst, Brezel und Kaffee

b) Weißbrot, Brezel und Bier

c) Weißwurst, Brezel und Bier

8. Wie isst man Weißwurst?

a) mit den Fingern

b) mit Gabel und Messer

c) mit Gabel und Löffel

3. Herbst im Englischen Garten

~

Es ist **Herbst**. Die **Blätter** fallen **von den Bäumen**. Die Sonne **scheint**. Es ist **angenehm warm**. Alles **leuchtet** gelb, rot und orange.

Heute bin ich mit Wastl im *Englischen Garten* **spazieren gegangen**. Das ist ein großer Park in der

Mitte von München, nur wenige Minuten von unserer Wohnung entfernt.

„**Wusstest du, dass** der Englische Garten **größer** ist **als** der Central Park in New York?", fragte Wastl.

„**Wirklich?**", sagte ich. „Ist es auch so **gefährlich** hier **in der Nacht?**"

„**Schmarrn!**", sagte Wastl. „München ist die sicherste Stadt in Deutschland! Die **Wirtschaft** ist sehr **stark** in Bayern. Wir haben **sehr wenig Arbeitslosigkeit** und **Kriminalität.**"

Wir gingen **eine Weile** durch den Park. **Junge Paare saßen auf dem grünen Rasen** und picknickten. Kinder **spielten** Ball. **Ältere Leute** gingen **mit ihren Hunden** spazieren. Die **Vögel zwitscherten**.

Wastl **zeigte mir** das japanische Teehaus und den chinesischen **Turm**. Neben dem Turm gibt es einen riesigen Biergarten. Dort haben wir eine Pause gemacht.

„Na, bist du **bereit für** die **Wiesn?**", fragte Wastl.

„Die was?", fragte ich.

„**Ja mei!** Das Oktoberfest!", sagte Wastl.

„Ach so", sagte ich. „**Warum** ist das Oktoberfest **eigentlich** im September und nicht im Oktober?"

„**Ganz einfach**", sagte Wastl. „**Früher** war es im Oktober. Aber im September ist das **Wetter besser**."

„Und warum heißt es dann nicht ‚Septemberfest'?", fragte ich.

Wastl lachte und schüttelte den Kopf. „Keine Ahnung", sagte er. „Du fragst **echt komische Fragen**, Dino."

Wir tranken still unser Bier. Wastl hatte zwei **Maß** bestellt. Eine Maß ist ein Liter. Wastl trank sehr schnell. Mein Glas war **immer noch** halb **voll**.

„Magst du **Wassersport**?", fragte Wastl.

„Ja", sagte ich. „**Geht so**. Warum?"

„Wusstest du, dass man in München surfen kann?", fragte Wastl.

„Wirklich?", sagte ich und lachte. „Aber es gibt hier doch **kein** Meer!"

„Na, ein Meer haben wir nicht", sagte Wastl. „Aber du kannst auf dem *Eisbach* surfen. Das ist ein kleiner **Bach**, hier im Englischen Garten!"

„Surfen?", fragte ich. „Auf einem Bach?"

„Ja, **auf einer künstlichen Welle**", sagte Wastl. **„Willst du** es versuchen?"

Ich lachte und sagte: „Nein, danke. Ich kann **kaum stehen** nach dem Bier."

Wir **bezahlten** und **verließen** den Biergarten. Ich **spürte** das Bier in meinem Kopf. **Ich verstehe nicht**, warum die Bayern **so viel** Bier trinken. Manchmal denke ich, die **Menschen** hier trinken **mehr** Bier **als** Wasser.

Wir **spazierten weiter** durch den Englischen Garten. **Plötzlich blieb** ich **stehen**.

„Was ist?", fragte Wastl.

„Da ... da vorne", sagte ich.

„Was?", fragte Wastl. „Hast du einen **Geist** gesehen?"

„Der Mann dort", **flüsterte** ich und zeigte auf eine **Wiese**. „Er **trägt** keine **Kleidung**!"

„Ach so", sagte Wastl und lachte. „Habt ihr kein FKK in Sizilien?"

„Eff Kah Kah?", fragte ich. „Hat der Mann eine

Krankheit ...? **Oh mein Gott**, da sind **noch mehr nackt**e Menschen!"

„**Mensch**, Dino!", sagte Wastl. „FKK! Das bedeutet **Freikörperkultur.**"

„Komische **Kultur**", sagte ich.

~

29

Herbst: autumn | **Blätter**: foliage | **von den Bäumen**: from the trees | **scheint**: shines | **angenehm**: pleasant | **warm**: warm | **leuchtet**: glows | **spazieren gegangen**: went for a walk | **Mitte**: center | **Wusstest du, dass ...?**: Did you know that ...? | **größer als ...**: bigger than ... | **Wirklich?**: Really? | **gefährlich**: dangerous | **in der Nacht**: at night | **Schmarrn**: Nonsense! [Bavarian] | **die sicherste**: the safest | **Wirtschaft**: economy | **stark**: strong | **sehr wenig**: very little | **Arbeitslosigkeit**: unemployment | **Kriminalität**: crime | **eine Weile**: a while | **Junge Paare**: young couples | **saßen**: sat | **auf dem grünen Rasen**: on the green grass | **spielten**: played | **ältere Leute**: older people | **mit ihren Hunden**: with their dogs | **Vögel**: birds | **zwitscherten**: twittered | **zeigte mir**: showed me | **Turm**: tower | **bereit für** : ready for | **Wiesn**: Oktoberfest (Theresienwiese) | **Ja mei!**: Oh my! [Bavarian] | **Warum?**: Why? | **eigentlich**: actually | **ganz einfach**: very simple | **früher**: in former times | **Wetter**: weather | **besser**: better | **echt**: really | **komische Fragen**: strange questions | **Maß**: one liter of beer [Bavarian] | **immer noch**: still | **voll**: full | **Wassersport**: water sports | **Geht so.**: So-so. | **kein**: no | **Bach**: brook | **auf einer künstlichen Welle**: on an artificial wave | **Willst du ...?**: Do you want to ...? | **kaum**: barely | **stehen**: stand | **bezahlten**: paid | **verließen**: left | **spürte**: felt | **ich verstehe nicht**: I don't understand | **so viel**: so much | **Menschen**: people | **mehr ... als**: more ... than ... | **spazierten weiter**: wandered further | **plötzlich**: suddenly | **blieb stehen**:

stopped | **Da!**: There! | **Da vorne!**: Over there! | **Geist**: ghost | **flüsterte**: whispered | **Wiese**: meadow | **trägt**: wears | **Kleidung**: clothing | **Krankheit**: illness | **Oh mein Gott!**: Oh my god! | **noch mehr**: even more | **nackt**: naked | **Mensch!**: Man! | **FKK (Freikörperkultur)**: nudism | **Kultur**: culture

 **Übung**

1. Nach dem Herbst kommt der ...

a) Winter

b) Sommer

c) Frühling

2. Der Englische Garten ist ...

a) ein Park in New York

b) ein Garten in England

c) ein Park in München

3. Die ... ist sehr stark in Bayern.

a) die Wirtschaft

b) die Wissenschaft

c) die Landwirtschaft

4. Was bedeutet „Wiesn"?

a) eine Wiese im Englischen Garten

b) das Oktoberfest (auf der Theresienwiese)

c) zwei Weißwürste

5. Wann ist das Oktoberfest?

a) im September

b) im Oktober

c) im November

6. Was ist eine „Maß"?

a) ein Liter Bier

b) zwei Liter Bier

c) drei Liter Bier

7. Wo kann man in München surfen?

a) auf dem Meer

b) auf einem Fluss

c) auf einem Bach

8. Warum trägt der Mann keine Kleidung?

a) Er hat eine Krankheit.

b) Er macht FKK.

c) Er hat kein Geld für Kleidung.

4. Das halbe Leben

~

Meine Arbeit beginnt sehr **früh am Morgen**. Ich **stehe** um **viertel vor sechs auf**. Zuerst **dusche** ich und trinke schnell einen Kaffee. Dann fahre ich **ungefähr dreißig** Minuten mit der **S-Bahn**. Meine Arbeit beginnt um **halb sieben**.

Ich komme nicht immer **pünktlich**. Manchmal

höre ich den **Wecker** nicht. An anderen Tagen **verpasse** ich die S-Bahn. Herr Jäger ist dann sehr **wütend**. „**Pünktlichkeit** ist das halbe **Leben**", sagt er immer. Aber was ist die andere **Hälfte**?

Heute Morgen bin ich wieder **zu spät** gekommen. **Zum Glück** hat Herr Jäger mich nicht gesehen. Ich habe **sofort** mit der Arbeit **begonnen: fegen**, **putzen** und **schrubben**. Nach einer Stunde war ich sehr müde. Ich **kletterte** in das U-Boot und **setzte mich auf** eine Koje. Nur ein paar Minuten **ausruhen**, dachte ich.

Als ich aufwachte, war es **viertel vor neun**. Die ersten Touristen kommen immer um neun. Ich hatte **nicht mehr viel** Zeit. Schnell verließ ich das U-Boot und arbeitete weiter. Wo war Herr Jäger?

Ich **kratzte gerade** ein Kaugummi von der Wand. Da hörte ich **Schritte** und **Stimmen**. Eine Gruppe von englischen Touristen! **Ich versteckte mich hinter** einer Ecke. Der **Touristenführer erzählte** etwas auf Englisch. Die Gruppe lachte und machte Fotos. Mein **Herz pochte**.

Nach einer Weile gingen die Touristen **endlich** weiter. Niemand **sah mich. Ich atmete aus.** Da sah ich etwas. **Vor mir** auf dem **Kiesweg** lag ein blaues **Handy.** Ich **bückte mich** und **hob** das Telefon **auf.**

„Oh, thank goodness! Danke", sagte eine Stimme. Ich **schaute auf.** Eine junge **Frau** stand **vor mir.** Sie hatte **dunkelgrüne Augen** und **hellbraune Haare.** Sie lächelte.

„Ah", sagte ich und zeigte auf das Handy. „**Ist das deins**?"

„Ja", sagte sie. „Vielen Dank!"

„Kein Problem", sagte ich und gab ihr das Telefon. „Bist du mit der Gruppe hier?"

„Ja, die Gruppe ...", sagte sie und schaute sich um. „**Verdammt!**"

Wir standen allein auf dem Kiesweg. Die **Morgensonne schien.** Die Vögel zwitscherten.

„Mein Name ist **übrigens** Dino", sagte ich und versteckte den **Putzlappen** hinter meinem **Rücken.**

„Elisabeth", sagte die junge Frau. „Arbeitest du hier?"

Ich **nickte kurz**. „Wirklich?", sagte Elisabeth. „Wow!"

„**Na ja**", sagte ich. „Es ist okay."

„Okay?", sagte sie und lachte. „Die Bavaria Film-studios sind **legendär**! Stanley Kubrick, Orson Welles und Ingmar Bergman haben hier gearbeitet!"

„Wer?", fragte ich und **zuckte mit den Schultern**.

Elisabeth lachte. „Du bist **lustig**, Dino."

Ich **kannte** die Namen wirklich nicht. Aber ich lachte und sagte: „**Soll ich dir zeigen, wo** die Gruppe ist?"

„Mmmh", sagte Elisabeth. „**Ehrlich gesagt**, nein! Ich **hasse Führungen**."

„**Wenn du willst**, kann *ich* dir ein bisschen die Studios zeigen", sagte ich.

„Marvelous", sagte sie. „**Lass uns gehen!**"

~

früh am Morgen: early in the morning | ich stehe auf: I get up | viertel vor sechs: quarter to six | ich dusche: I shower | ungefähr: approximately | dreißig: thirty | S-Bahn: urban train | halb sieben: half past six | pünktlich: on time | ich höre: I hear | Wecker: alarm clock | ich verpasse: I miss | wütend: angry | Pünktlichkeit: punctuality | Hälfte: half | zu spät: too late | zum Glück: fortunately | sofort: immediately | begonnen: begun | fegen: sweeping | putzen: cleaning | schrubben: scrubbing | kletterte: climbed | ich setzte mich auf ...: I sat down on ... | ausruhen: rest | Als ich aufwachte ...: When I woke up ... | nicht mehr viel: not much more | viertel vor neun: quarter to nine | kratzte: scratched | gerade: just (at that moment) | Schritte: steps | Stimmen: voices | Ich versteckte mich hinter ...: I hid behind ... | Ecke: corner | Touristenführer: tourist guide | erzählte: told | Herz: heart | pochte: pounded | endlich: finally | sah mich: saw me | ich atmete aus: I exhaled | Kiesweg: gravel path | lag: lay | Handy: cell phone | ich bückte mich: I bent down | hob ... auf: picked up ... | schaute auf: looked up | Frau: woman | vor mir: in front of me | dunkelgrüne Augen: dark green eyes | hellbraune Haare: light brown hair | lächelte: smiled | Ist das deins?: Is this yours? | schaute sich um: looked around | Verdammt!: Damn! | Morgensonne: morning sun | schien: shone | übrigens: by the way | Putzlappen: cleaning rag | Rücken: back | nickte: nodded | kurz: briefly | Na ja, ...: Well, ... | legendär: legendary | zuckte mit den Schultern:

shrugged | **lustig**: funny | **kannte**: knew | **Soll ich dir zeigen, wo ...?**: Shall I show you where ...? | **ehrlich gesagt**: honestly | **ich hasse**: I hate | **Führungen**: guided tours | **Wenn du willst, ...**: If you want, ... | **Lass uns gehen!**: Let's go!

 **Übung**

1. Wann steht Dino auf?

a) um viertel vor fünf

b) um viertel vor sechs

c) um viertel vor sieben

2. Halb sieben bedeutet:

a) 6:30

b) 7:00

c) 7:30

3. Kommt Dino immer pünktlich?

a) Ja, immer.

b) Nein, nicht immer.

c) Nein, nie.

4. Was sieht Dino auf dem Kiesweg?

a) ein blaues Handy

b) eine blaue Hand

c) ein blaues Handtuch

5. Die junge Frau hat ...

a) dunkelgrüne Augen und hellbraune Haare

b) dunkelblaue Augen und hellbraune Haare

c) hellgrüne Augen und dunkelblonde Haare

6. Warum will Elisabeth nicht zurück zu der Gruppe?

a) Sie ist hungrig.

b) Sie ist müde.

c) Sie hasst Führungen.

5. Der Fluss aus den Alpen

~

Nach unserer Tour durch die Studios waren wir **hungrig**. Elisabeth und ich **fuhren** mit der S-Bahn in die **Innenstadt**.

„Was machst du eigentlich in München?", fragte ich Elisabeth. „Du bist nicht von hier, oder?"

„Ist es so **offensichtlich**?", sagte Elisabeth und

lachte. „Ich komme aus Shepperton. Das ist eine kleine Stadt **in der Nähe von** London."

„Ah", sagte ich. „Und jetzt machst du **Urlaub**?"

„**Schön wär's**", sagte Elisabeth. „Ich bin ... **beruflich** hier."

„Was arbeitest du?", fragte ich.

„Ich arbeite ... für eine ... kleine **Zeitung**", sagte Elisabeth.

„Ach so, **du schreibst über** München!", sagte ich.

„Äh ja ...", sagte Elisabeth. „**Genau**! Über das Oktoberfest!"

„Und warum sprichst du so gut Deutsch?", fragte ich.

„Meine **Großmutter**", sagte Elisabeth. „Sie war Deutsche. **Leider** habe ich viel **vergessen**."

„Na ja, dein Deutsch ist besser als **meins**!", sagte ich und lachte.

„**Nächste Haltestelle** *Isartor*", sagte eine Stimme aus dem **Lautsprecher**.

„Hier", sagte ich. „Wir sind da."

„Gut", sagte Elisabeth. „Mein **Magen** ist ein

Krater."

Von der S-Bahnstation gingen wir **zu Fuß** zum **Ufer** der Isar. Das ist ein großer **Fluss** in der Mitte von München. Der **Himmel** war **blau**. Die Sonne schien. Auf den grünen Wiesen lagen viele Leute.

„**Schön** hier", sagte Elisabeth. „Und so warm!"

„Ja", sagte ich. „Im Sommer kann man hier **schwimmen**, habe ich **gehört**."

„Wirklich?", sagte Elisabeth. „Ist der Fluss so sauber?"

„**Anscheinend**", sagte ich. „Die Isar beginnt **hoch oben** in den Alpen. Das Wasser ist noch relativ **frisch**, wenn es hier in München **ankommt**."

„Wohin gehen wir eigentlich?", fragte Elisabeth nach einer Weile.

„**Dorthin**", sagte ich und zeigte auf eine kleine **Holzbude**. „Ich hoffe, du magst Fisch."

„Ja", sagte Elisabeth. „Ich **liebe** Fisch!"

„Super", sagte ich. „Hier gibt es die besten **Fischbrötchen** in ganz München."

Ich bestellte zwei Fischbrötchen mit **geräucher-**

ter Forelle. Dann setzten wir uns auf die Wiese und aßen.

„Und?", fragte ich Elisabeth. „**Habe ich zu viel versprochen?**"

Elisabeth schüttelte den Kopf und **kaute mit geschlossenen Augen.** Dann sagte sie: „Mann, das ist das beste Fischbrötchen, das ich **in meinem ganzen Leben** gegessen habe!"

„Wunderbar", sagte ich. „Ich glaube, der Fisch kommt frisch aus der Isar."

Nach dem Essen saßen wir **noch** eine Weile in der Sonne. Dann sagte Elisabeth: „So, ich muss **langsam** gehen."

„So früh?", fragte ich.

„Ja, leider", sagte Elisabeth. „Ich ... ich muss meinen Artikel **vorbereiten.** Das Oktoberfest beginnt morgen, **oder nicht?**"

„Verstehe", sagte ich. „**Wenn du magst,** können wir zusammen gehen."

„Ja, **warum nicht?**", sagte Elisabeth. „Was ist deine **Telefonnummer?**"

Ich gab Elisabeth meine Nummer. „**Danke** für den schönen Tag, Dino", sagte sie und **gab mir die Hand**. „**Bis morgen!**"

~

hungrig: hungry | **fuhren**: went (by train) | **Innenstadt**: downtown | **offensichtlich**: obviously | **in der Nähe von**: near | **Urlaub**: holiday | **Schön wär's.**: I wish. | **beruflich**: work-related | **Zeitung**: newspaper | **du schreibst über ...**: you write about ... | **Genau!**: Exactly! | **Großmutter**: grandmother | **Leider**: unfortunately | **vergessen**: forget | **meins**: mine | **Nächste Haltestelle**: next stop | **Lautsprecher**: speaker | **Magen**: stomach | **Krater**: crater | **zu Fuß**: by foot | **Ufer**: shore | **Himmel**: sky | **Fluss**: river | **blau**: blue | **schön**: beautiful | **schwimmen**: swim | **gehört**: heard | **anscheinend**: apparently | **hoch oben**: high up | **frisch**: fresh | **ankommt**: arrives | **dorthin**: there | **Holzbude**: wooden shack | **ich hoffe**: I hope | **ich liebe**: I love | **Fischbrötchen**: fish sandwich | **geräuchert**: smoked | **Forelle**: trout | **Habe ich zu viel versprochen?**: Did I promise too much? | **kaute**: chewed | **mit geschlossenen Augen**: with eyes closed | **in meinem ganzen Leben**: in my whole life | **noch**: in addition | **langsam**: slowly | **vorbereiten**: prepare | **oder nicht?**: or not? | **Wenn du magst, ...**: If you like, ... | **Warum nicht?**: Why not? | **Telefonnummer**: telephone number | **Danke**: Thank you | **gab mir die Hand**: shook my hand | **Bis morgen!**: See you tomorrow!

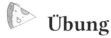 **Übung**

1. Dino und Elisabeth fahren mit der ...

a) Straßenbahn

b) S-Bahn

c) U-Bahn

2. Elisabeth sagt, sie arbeitet für ...

a) eine kleine Zeitung

b) eine große Zeitung

c) ein kleines Magazin

3. Worüber schreibt Elisabeth?

a) Sie schreibt über die S-Bahn.

b) Sie schreibt über die Filmstudios.

c) Sie schreibt über das Oktoberfest.

4. Elisabeths Großmutter war ...

a) Italienerin

b) Deutsche

c) Dänin

5. Was ist die Isar?

a) ein Fluss in München

b) eine S-Bahnstation

c) eine Bar

6. Kann man in der Isar schwimmen?

a) ja

b) nein

7. Was essen Elisabeth und Dino?

a) Weißwurst

b) Fischbrötchen

c) Wurstbrötchen

6. Oans, zwoa, g'suffa!

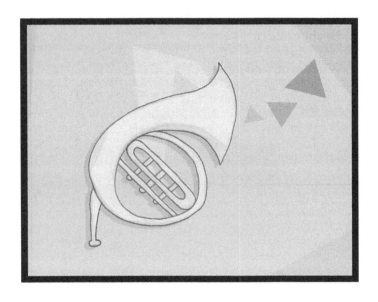

~

Es war **zehn Uhr morgens**. Elisabeth, Wastl und ich saßen im *Schottenhamel*. Das ist ein großes **Bierzelt** auf dem Oktoberfest. Es gibt **vierzehn** große **Zelte** und viele kleine. Es war **sehr voll** im *Schottenhamel*. Eine Live-Band spielte traditionelle bayrische Musik mit viel **Humptata**.

Wastl hatte drei Maß bestellt. Die **Bedienung**, eine junge Frau im **Dirndl**, trug zehn Biergläser **auf einmal**. Sie **stellte** drei Gläser **auf den Tisch**.

„Servus, Franzi!", sagte Wastl zu der Bedienung.

„Grias di, Wastl", sagte sie. „Wer sind deine **Freunde**?"

„Das ist Dino, mein Mitbewohner aus Sizilien, und Elisabeth, eine **Reporterin** aus England", sagte Wastl. „Dino, Elisabeth, das ist Franzi, meine **Schwester**!"

„Hi Franzi!", sagte Elisabeth.

„Schreibst du über das Oktoberfest?", fragte Franzi.

„Äh", sagte Elisabeth. „Ja, genau!"

„Vielleicht kannst du etwas von deiner Arbeit erzählen", sagte ich. „Für Elisabeths Artikel!"

„**Gerne**", sagte Franzi. „In zehn Minuten **endet** meine **Schicht**. **Bis gleich**. Prost!"

„Salute!", sagte ich und hob mein Glas.

„Cheers!", sagte Elisabeth.

„*Oans, zwoa, g'suffa!*", rief Wastl und **trank** einen

großen **Schluck**.

„Was bedeutet das?", fragte ich. „Eins, zwei ...?"

„G'suffa!" rief Wastl und trank einen neuen Schluck. „Trinken!"

„Ach so", sagte ich und lachte.

„Ich habe gehört, Bier ist sehr **gesund**", sagte Elisabeth. „**Stimmt das?**"

„Ja freilich", sagte Wastl. „Bier **enthält eine Menge** Vitamin B, Magnesium und Kalium. **Alles, was man braucht!**"

„**Na dann**", sagte Elisabeth. „Prost!"

„Oh, schau, da kommt Franzi", sagte Wastl.

Franzi setzte sich neben Wastl. „So", sagte sie. „Ich bin **fertig für heute**."

„Willst du etwas trinken?", fragte Wastl.

Franzi schüttelte den Kopf. „Na, ich will nur noch schlafen."

„Ist der Job sehr **anstrengend?**", fragte ich.

„Die Gläser sind **bestimmt** total **schwer**", sagte Elisabeth.

Franzi lachte und sagte: „Die Gläser sind nicht das

Problem. Es ist alles **eine Frage der Technik**. Der Weltrekord ist 27 Gläser auf einmal. Aber die Gäste sind manchmal anstrengend, vor allem die Touristen."

„Wirklich?", fragte Elisabeth. „Warum?"

„**Manche** Leute sind sehr schnell **betrunken**", sagte Franzi. „Dann **tanzen** sie auf den Tischen oder **randalieren**."

„Aber es ist normal, dass die Leute betrunken sind, oder?", sagte ich. "Wenn sie die ganze Zeit Bier trinken?"

„Hier ist ein **Tipp**", sagte Franzi. „Die erste Maß muss man ganz langsam trinken und viel dazu essen. **Am besten** etwas mit viel **Fett**, wie **Hendl** oder **Schweinshaxen**. Dann **wird man** auch **nicht** betrunken."

„**Interessant**", sagte Elisabeth. "Das wusste ich nicht."

„Ja, die meisten Touristen wissen das nicht. Leider", sagte Franzi und gähnte. „Mann, bin ich müde."

Wir **verabschiedeten uns von** Franzi und tranken unser Bier. **Um uns herum** wurde es **immer lauter**. Ein **Großteil** der Gäste war bereits **sternhagelvoll**. Und es war **noch nicht einmal** Mittag.

~

zehn Uhr morgens: ten o'clock in the morning | **Bierzelt**: beer tent | **vierzehn**: fourteen | **Zelte**: tents | **sehr voll**: very crowded | **Humptata**: oom-pah-pah (rhythmic brass music) | **Bedienung**: waitress | **Dirndl**: dirndl (dress) | **trug**: carried | **auf einmal**: at once | **stellte ... auf den Tisch**: put ... on the table | **Freunde**: friends | **Reporterin**: reporter | **vielleicht**: maybe | **Schwester**: sister | **endet**: ends | **Gerne!**: With pleasure! | **Schicht**: shift | **Bis gleich!**: See you soon! | **trank**: drank | **Schluck**: sip | **gesund**: healthy | **Stimmt das?**: Is that right? | **enthält**: contains | **eine Menge**: a good deal | **Alles, was man braucht.**: Everything you need. | **Na dann, ...**: Well then, ... | **fertig für heute**: done for today | **anstrengend**: exhausting | **bestimmt**: certainly | **schwer**: difficult | **eine Frage der Technik**: a question of technique | **manche**: some | **betrunken**: drunk | **tanzen auf ...**: dance on ... | **randalieren**: riot | **Tipp**: advice | **am besten**: preferably | **Fett**: fat | **Hendl**: roast chicken [Bavarian] | **Schweinshaxen**: roasted pork knuckles | **wird man nicht**: you don't become | **interessant**: interesting | **verabschiedeten uns von ...**: said goodbye to ... | **um uns herum**: around us | **immer lauter**: ever louder | **Großteil**: majority | **sternhagelvoll**: roaring drunk | **noch nicht einmal**: not even | **Mittag**: noon

ANDRÉ KLEIN

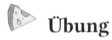 **Übung**

1. Wie viele Bierzelte gibt es auf dem Oktoberfest?

a) vierzig große und viele kleine

b) vierzehn große und viele kleine

c) viele große und vierzehn kleine

2. Wie viele Gläser trägt die Bedienung?

a) fünf auf einmal

b) sieben auf einmal

c) zehn auf einmal

3. Wer ist Franzi?

a) Wastls Schwester

b) Dinos Schwester

c) Wastls Freundin

4. Was macht Franzi im Bierzelt?

a) Sie macht Musik.

b) Sie bedient die Gäste.

c) Sie kocht Essen.

5. Bier enthält ...

a) Vitamin B, Magnesium und Natrium

b) Vitamin C, Magnesium und Kalium

c) Vitamin B, Magnesium und Kalium

6. Warum ist Franzis Job anstrengend?

a) Die Gläser sind sehr schwer.

b) Die Touristen werden schnell betrunken.

c) Sie muss viel laufen.

7. Man wird nicht betrunken, wenn ...

a) man langsam trinkt und viel dazu isst.

b) man schnell trinkt und wenig dazu isst.

c) man schnell trinkt und viel dazu isst.

7. Das Paralleluniversum

~

Das Oktoberfest ist **verrückt**. Millionen von Menschen kommen aus der ganzen Welt, nur um Bier zu trinken. Ich habe Koreaner in **Lederhosen** gesehen und amerikanische Mädchen in Dirndln. Das Oktoberfest ist wie ein **Paralleluniversum**, wo alle Menschen **dieselbe** Sprache sprechen: Bier.

Wastl **erklärte** uns, dass es auf dem Oktoberfest nur Bier aus München gibt. Die Stadt hat sechs große **Brauereien**. Jede Brauerei hat ein Bierzelt auf dem Oktoberfest. **Die größten** Zelte **bekommen** das Bier direkt aus einer **Leitung unter der Erde.**

„Die Leitung **schafft mehr als** 1000 Gläser pro **Stunde**", erklärte Wastl.

Wir spazierten über die Wiesn. Es wurde immer voller. Und lauter.

„Viele **Münchener fliehen** jedes Jahr **zu dieser Zeit**", sagte Wastl. „Sie fahren **aufs Land** oder machen Urlaub im **Ausland**."

„Das kann ich gut verstehen", sagte Elisabeth. „Es ist so voll. Man kann kaum gehen."

„Ja", sagte ich. „**Pass auf** deine **Füße auf!**"

„Da vorne", rief Elisabeth. „Da ist eine **Öffnung!**"

Wir **drängten** uns durch die **Menschenmasse**. Nach ein paar Minuten waren wir **frei**. „Puh!", sagte Elisabeth. „Das war anstrengend."

„Ja", sagte ich und **schnaufte**. „Das ist nicht normal!"

„Hast du Wastl gesehen?", fragte Elisabeth.

Ich drehte mich um. **Keine Spur** von meinem Mitbewohner. „Wastl?", rief ich. „Waaaas-teeeel?"

„Ich glaube, wir haben ihn **verloren**", sagte Elisabeth.

„Mmh", sagte ich. „**Sieht so aus**."

„Und jetzt?", fragte Elisabeth.

„Keine Ahnung", sagte ich. „Dort ist eine kleine Wiese. Lass uns setzen."

Wir setzten uns auf die Wiese. „**Boah**, ich habe einen **Durst**!", sagte Elisabeth.

„Da vorne ist ein kleiner **Stand**", sagte ich und zeigte auf eine kleine Holzbude. „**Komme gleich wieder**."

Eine Weile später gab ich Elisabeth eine große Flasche Wasser und eine kleine **Papiertüte**.

„Danke für das Wasser", sagte Elisabeth. „Und was ist in der Tüte?"

„Etwas zu essen", sagte ich.

„Oh", sagte Elisabeth und öffnete die Tüte. „Ein **Lebkuchenherz**!"

„**Es gab nichts anderes**", sagte ich und zuckte mit den Schultern.

„Hier **steht etwas drauf**", sagte Elisabeth. „*Toller Käfer!*"

„Was bedeutet das?", fragte ich. „Ein **Käfer** ist ein Insekt, oder?"

„Korrekt", sagte Elisabeth. „Aber hier bedeutet es soviel wie ,**hübsches Mädchen**'!"

„Oh", sagte ich und lächelte. "Wirklich?"

„Danke für das **Kompliment**, Dino!", sagte Elisabeth und **küsste mich** auf die **Wange**.

Ich **wurde** ein bisschen **rot** und sagte: „**Bitte schön!**"

~

verrückt: crazy | **Lederhosen**: lederhosen [leather pants] | **Paralleluniversum**: parallel universe | **dieselbe**: the same | **erklärte**: explained | **Brauereien**: breweries | **die größten**: the largest | **bekommen**: get | **Leitung**: pipeline | **unter der Erde**: underground | **schafft**: handles | **mehr als**: more than | **Münchener**: inhabitant of Munich | **fliehen**: flee | **zu dieser Zeit**: at this time | **aufs Land**: to the countryside | **im Ausland**: abroad | **Pass auf ... auf!**: Watch your ...! | **Füße**: feet | **Öffnung**: opening | **drängten durch**: pushed through | **Menschenmasse**: crowd | **frei**: free | **Puh!**: Phew! | **schnaufte**: gasped | **Ich drehte mich um** : I turned around | **Keine Spur**: no trace | **verloren**: lost | **Sieht so aus.**: Looks like it. | **Boah!**: Wow! | **Durst**: thirst | **Stand**: booth | **(Ich) komme gleich wieder.**: I'll be right back. | **Papiertüte**: paper bag | **Lebkuchenherz**: gingerbread heart | **Es gab nichts anderes.**: There wasn't anything else. | **steht etwas drauf**: it says something on it | **Käfer**: beetle | **hübsches Mädchen**: pretty girl | **Kompliment**: compliment | **küsste mich**: kissed me | **Wange**: cheek | **wurde rot**: blushed | **Bitte schön!**: You're welcome!

Übung

1. Es gibt auf dem Oktoberfest ...

a) Bier aus der ganzen Welt

b) nur Bier aus Deutschland

c) nur Bier aus München

2. Die größten Bierzelte bekommen ihr Bier ...

a) aus Flaschen

b) aus einer Leitung

c) aus einem Fass

3. Warum fliehen viele Münchener jedes Jahr?

a) Es gibt zu viele Menschen in der Stadt.

b) Es gibt zu wenig Menschen in der Stadt.

c) Es gibt zu wenig Essen in der Stadt.

4. Elisabeth und Dino haben Wastl ... verloren.

a) im Bierzelt

b) in der Menschenmasse

c) auf einer Wiese

5. Was kauft Dino für Elisabeth?

a) eine Flasche Cola und ein Lebkuchenherz

b) eine Flasche Bier und ein Marzipanherz

c) eine Flasche Wasser und ein Lebkuchenherz

6. Was bedeutet „toller Käfer"?

a) schönes Mädchen

b) schönes Insekt

c) schönes Wetter

7. Elisabeth küsst Dino ...

a) auf den Mund

b) auf die Stirn

c) auf die Wange

8. Der Himmel über München

~

Man kann nicht nur essen und Bier trinken auf dem Oktoberfest. Es gibt auch viele **Fahrgeschäfte**: ein **Kettenkarussell**, eine **Geisterbahn**, **Rutschen**, zwei **Achterbahnen**, ein **Riesenrad** und **vieles mehr.**

Elisabeth und ich standen vor einer Achterbahn mit dem Namen „Olympia Looping". Die Bahn **schoss** durch fünf große **Ringe**. Die Menschen **hingen** mit dem Kopf **nach unten** und **schrien**.

„Soll ich Tickets **kaufen**?", fragte ich Elisabeth.

„Nein danke", sagte sie und lachte. „Ich will mein Frühstück nicht **verlieren**."

„**Wie du meinst**", sagte ich. Wir gingen weiter. „Was ist das?", fragte ich und zeigte auf ein **Schild** mit der **Aufschrift** „Original Pitt's Todeswand".

„Keine Ahnung", sagte Elisabeth. „Aber das **Apostroph** ist falsch."

„Mmh?", sagte ich. „**Wieso**?"

„Der englische Genitiv hat kein Apostroph im Deutschen", sagte Elisabeth.

Ich **schaute sie an** und **blinzelte**.

„Egal. Sorry. Ich bin manchmal so ein Nerd", sagte Elisabeth. „**Los**! Zur **Todeswand**!"

Als wir näher kamen, hörten wir den **Lärm** von **Motoren**. Ich kaufte zwei **Eintrittskarten** und wir **betraten** das Zelt. Die „Todeswand" war ein riesiger Ring **aus Holz**, wie ein **Fass**. Wir gingen ein paar **Stufen hinauf** und schauten in das Fass. Drei Männer auf Motorrädern fuhren auf der Wand **im Kreis**. Sie hingen **vertikal** in der **Luft**.

„Das **sieht gefährlich aus**", sagte ich. Einer der Männer begann **freihändig** zu fahren. Ein anderer fuhr **rückwärts**.

„Ich hoffe, sie haben eine gute **Unfallversiche-rung**", sagte Elisabeth.

Wir **folgten** den Motorrädern **mit unseren Blicken**, **rund und rund**. Die Motoren **brummten**. Die **Zuschauer applaudierten**.

Als wir das Zelt verließen, sagte Elisabeth: „Mir ist total **schwindelig** nur vom Zuschauen."

„Ja", sagte ich. „Komm, lass uns ein bisschen **entspannen**! Ich habe eine **Idee**."

Ich **führte** Elisabeth durch die Menschenmasse. Vor dem Riesenrad blieb ich stehen und kaufte zwei Tickets. Wir setzten uns in eine **Gondel**. Dann **schloss** ich die **Tür** und sagte: „Ich hoffe, du hast keine **Höhenangst**!"

„**Quatsch!**", sagte Elisabeth.

Das Riesenrad **begann sich zu drehen**. Wir **stiegen** langsam in die Luft, Meter für Meter.

„Was für eine **Aussicht!**", sagte Elisabeth und zeigte durch das **Fenster**. Die Stadt **unter uns** wurde immer kleiner. „Schau", sagte ich. „Siehst du die Isar?"

„Ja", sagte Elisabeth. „München sieht sehr grün aus **von oben**."

Wir stiegen immer höher und höher. **Weit** unter uns sahen wir die Bierzelte und die Fahrgeschäfte. Die Menschen waren klein wie **Ameisen**. Dann stoppte das Riesenrad. Unsere Gondel **schaukelte**.

Der Himmel leuchtete rot und violett. **Die Sonne ging langsam unter**.

„Wow", sagte Elisabeth. „Ich kann die **Alpen** sehen!"

„**Tatsächlich**", sagte ich und grinste. „Romantisch, oder?"

„Du, Dino?", sagte Elisabeth nach einer Weile.

„Ja?", sagte ich.

„Ich ... ich", begann Elisabeth. „Ich muss dir etwas sagen."

Ich **schluckte** und sagte: „**Ich auch!**"

„Wirklich?", sagte Elisabeth und lachte. „Du zuerst!"

„Okay", sagte ich. „Ich ... ich hatte **eine wunderbare Zeit mit dir** in den **letzten** zwei Tagen!"

„Ja", sagte Elisabeth und lächelte. „Ich auch."

Die **Lichter** der Stadt **funkelten** wie **Diamanten**. Die Sonne war **verschwunden**. Ich nahm Elisabeths Hand. Sie legte ihren Kopf auf meine **Schulter**. Wir saßen so einen langen **Augenblick** still zusammen.

„Was **wolltest** du mir sagen?", fragte ich nach einer Weile.

„Ach", sagte Elisabeth. „Nicht so **wichtig**."

~

Fahrgeschäfte: rides | **Kettenkarussell**: swing carousel | **Geisterbahn**: ghost train | **Rutschen**: slides | **Achterbahnen**: roller coasters | **Riesenrad**: Ferris wheel | **vieles mehr**: much more | **schoss**: shot | **Ringe**: rings | **hingen**: hung | **nach unten**: downwards | **schrien**: screamed | **kaufen**: purchase | **verlieren**: lose | **Wie du meinst.**: Whatever you say. | **Schild**: sign | **Aufschrift**: inscription | **Apostroph**: apostrophe | **Wieso?**: How come? | **schaute sie an**: looked at her | **blinzelte**: blinked | **Los!**: Let's go! | **Todeswand**: Wall of Death | **Als wir näher kamen, ...**: As we got closer, ... | **hörten**: heard | **Lärm**: noise | **Motoren**: engines | **Eintrittskarten**: tickets | **betraten**: entered | **aus Holz**: wooden | **Fass**: barrel | **Stufen**: steps | **hinauf**: up | **im Kreis**: in a circle | **vertikal**: vertically | **Luft**: air | **das sieht ... aus**: That looks ... | **gefährlich**: dangerous | **freihändig**: freehanded | **rückwärts**: backwards | **Unfallversicherung**: accident insurance | **folgten**: followed | **mit unseren Blicken**: with our gazes | **rund und rund**: round and round | **brummten**: hummed | **Zuschauer**: viewers | **applaudierten**: applauded | **schwindelig**: dizzy | **entspannen**: relax | **Idee**: idea | **führte**: led | **Gondel**: gondola | **schloss**: closed | **Tür**: door | **Höhenangst**: fear of heights | **Quatsch!**: Nonsense! | **begann sich zu drehen**: began to turn | **stiegen**: climbed | **Aussicht**: view | **Fenster**: window | **unter uns**: below us | **von oben**: from above | **weit**: far | **Ameisen**: ants | **schaukelte**: rocked | **Die Sonne ging langsam unter.**: The sun set slowly. | **Alpen**: Alps | **Tatsächlich!**: Indeed! |

schluckte: swallowed | **Ich auch.**: Me too. | **eine wunderbare Zeit**: a wonderful time | **mit dir**: with you | **letzten**: last | **Lichter**: lights | **funkelten**: sparkled | **Diamanten**: diamonds | **verschwunden**: disappeared | **Schulter**: shoulder | **Augenblick**: moment | **Was wolltest du ... ?**: What did you want ... ? | **wichtig**: important

 **Übung**

1. Was ist <u>kein</u> Fahrgeschäft?

a) eine Achterbahn

b) eine Geisterbahn

c) eine U-Bahn

2. Was ist „Olympia Looping"?

a) eine Achterbahn

b) eine Geisterbahn

c) eine U-Bahn

3. Der englische Genitiv hat ... im Deutschen.

a) ein Apostroph

b) kein Apostroph

c) ein Semikolon

4. Die Männer fahren mit den Motorrädern ...

a) auf einer Wand

b) auf der Achterbahn

c) in einem Bierzelt

5. Hat Elisabeth Höhenangst?

a) ja

b) nein

c) manchmal

6. Die Menschen sind klein wie ...

a) Käfer

b) Gläser

c) Ameisen

7. Elisabeth kann ... sehen.

a) das Meer

b) die Alpen

c) den Mond

8. Elisabeth und Dino hatten eine ... zusammen.

a) wunderbare Zeit

b) langweilige Zeit

c) schreckliche Zeit

9. Technische Schwierigkeiten

~

Am nächsten Morgen hörte ich meinen Wecker nicht. In meinem Kopf waren nur **Gedanken** an Elisabeth und unseren **Abend** im Riesenrad.

Der Himmel war **bewölkt**. Herr Jäger **wartete** bereits **am Eingang** der Studios **auf mich**.

„Gu...ten Morgen", sagte ich.

Herr Jäger **antwortete** nicht. Er **schaute auf seine Uhr.**

„Die ... die Bahn kam zu spät", erklärte ich. „**Es tut mir leid!**"

„**So, so!** Die Bahn ...", sagte Herr Jäger. „Sehr interessant."

„Ja", sagte ich. „**Technische Schwierigkeiten** ..."

„**Sparen Sie sich** die **Ausreden**", sagte Herr Jäger. „Sie sind **gefeuert!**"

Mein Mund hing **offen.** „Was?", sagte ich. „Aber warum?"

„**Was denken Sie?**", fragte Herr Jäger.

„Weil ich manchmal zu spät komme?", fragte ich.

„Manchmal?", sagte Herr Jäger und lachte. „**Nicht nur das.**"

„Was ... **was sonst?**", fragte ich.

„**Erstens verschwinden** Sie zu oft", sagte Herr Jäger. „Und **zweitens** ..." Er nahm etwas **aus seiner Tasche** und sagte: „Ist das Ihre Thermoskanne?"

„Äh, ja", sagte ich. „Wieso?"

„Ein **Kollege** hat die Thermoskanne im U-Boot gefunden, auf einer Koje, **zwischen** den **Kissen!**", sagte Herr Jäger.

„Ich … ich … äh", **stotterte** ich.

„Die Kanne ist **ausgelaufen**", sagte Herr Jäger. „Jetzt sind überall **Kaffeeflecken!** Auf den Kissen, auf der **Matratze!** Das waren Original-Requisiten! Sie haben alles **ruiniert!**"

Ich **versuchte**, Herrn Jäger zu **beruhigen**. Aber **es half nichts**. Es war zu spät. Ich drehte mich um und ging zurück zur S-Bahn.

Als ich **zu Hause** ankam, **kochte** ich einen **Topf** Spaghetti Napoli. Dann nahm ich das Telefon und **wählte** Elisabeths Nummer. Es war **besetzt**. Ich legte das Telefon auf den Tisch. Plötzlich **klingelte** es.

„Elisabeth?", sagte ich in den **Hörer**.

„Ciao, Dino!", sagte eine Stimme.

„Mama?", sagte ich.

„Bambino!", sagte sie. „Come stai?"

Bevor ich antworten **konnte**, sagte sie auf Italienisch: „Wie geht es dir, Kind? Hast du genug zu essen? Ist dir kalt in Deutschland? Wie geht es mit der Arbeit?"

„Tutti bene", sagte ich. „Alles in Ordnung."

Ich habe allen erzählt, dass du beim Film arbeitest", sagte meine Mutter. „Mein **Sohn**, ein Star wie Marcello Mastroianni!"

„Mama, ich arbeite nicht ...", begann ich. Aber sie sagte: „Dino, ich habe eine **Überraschung.**"

„Überraschung?", fragte ich.

„Ja", sagte sie. „Un momento!"

Ein paar Sekunden später hörte ich eine **männliche** Stimme: „Ciao, Dino!"

„Alfredo?", sagte ich. „Bist du es?"

„Ja", sagte er. „Ich bin's, **Bruder!**"

„Was machst du in Sizilien?", fragte ich. „Warum bist du nicht in New York?"

„Ich hatte hier ein Meeting mit einer kleinen Bank", sagte er. „Aber **genug von mir.** Wie geht es dir?"

„Ehrlich gesagt ... nicht so gut", sagte ich. „Ich habe heute meinen Job verloren."

„Oh", sagte Alfredo. „Hast du es Mama erzählt?"

„Bist du verrückt? **Natürlich** nicht!", sagte ich.
„Verdammt! Was soll ich jetzt machen? Wie soll ich
die **Miete** bezahlen?"

„Mmmh", sagte er. „**Lass mich überlegen.** Ich
habe einen Freund, der **Ferienwohnungen** in
Deutschland **vermietet.** Soll ich etwas für dich orga-
nisieren?"

„Alfredo, du bist der Beste!", sagte ich.

„Kein Problem", sagte Alfredo. „Er hat Wohnun-
gen in fast allen deutschen Städten, aber leider nicht
in München, glaube ich."

„Egal", sagte ich. „**Ich habe sowieso genug** von
Bayern!"

~

Gedanken: thoughts | **Abend**: evening | **bewölkt**: cloudy | **wartete auf mich**: waited for me | **am Eingang**: at the entrance | **antwortete**: answered | **schaute auf seine Uhr**: looked at his clock | **Es tut mir leid!**: I am sorry! | **So, so!**: Well well! | **Technische Schwierigkeiten**: Technical difficulties | **Sparen Sie sich ...**: Save yourself ... | **Ausreden**: excuses | **gefeuert**: fired | **offen**: open | **Was denken Sie?**: What do you think? | **Nicht nur das.**: Not only that. | **Was sonst?**: What else? | **erstens**: first of all | **verschwinden**: disappear | **zweitens**: secondly | **aus seiner Tasche**: from his pocket | **Kollege**: colleague | **zwischen**: between | **Kissen**: cushions | **stotterte**: stuttered | **ausgelaufen**: leaked | **Kaffeeflecken**: coffee stains | **Matratze**: mattress | **ruiniert**: ruined | **versuchte**: tried | **beruhigen**: calm down | **es half nichts**: it didn't help | **kochte**: cooked | **Topf**: pot | **wählte**: dialed | **besetzt**: busy | **klingelte**: rang | **Hörer**: receiver | **Bevor ich ... konnte, ...:** Before I could ... , ... | **Ich habe allen erzählt, dass ...**: I've told everyone that ... | **Sohn**: son | **Überraschung**: surprise | **männlich**: male | **Bruder**: brother | **genug von mir**: enough about me | **natürlich**: of course | **Miete**: rent | **Lass mich überlegen ...**: Let me think ... | **Ferienwohnungen**: holiday apartments | **vermietet**: rented | **sowieso**: anyway | **Ich habe genug von ...**: I'm tired of ...

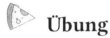 # Übung

1. Warum hört Dino den Wecker nicht?

a) Er denkt nur an Elisabeth.

b) Er ist betrunken.

c) Der Wecker hat keine Batterien.

2. Dino kommt ... zur Arbeit.

a) zu früh

b) zu spät

c) pünktlich

3. Herr Jäger ...

a) gibt Dino mehr Geld.

b) gibt Dino mehr Arbeit.

c) feuert Dino.

4. Was hat Herr Jäger im U-Boot gefunden?

a) Dinos Thermoskanne

b) Dinos Handy

c) Dinos Schlüssel

5. Wer ist am Telefon?

a) Dinos Mutter

b) Dinos Schwester

c) Elisabeth

6. Was macht Alfredo in Sizilien?

a) Er hat eine neue Freundin.

b) Er macht Urlaub.

c) Er hat ein Meeting mit einer Bank.

7. Alfredos Freund vermietet ...

a) Autos

b) Ferienwohnungen

c) Restaurants

10. Wenn es am schönsten ist

~

Elisabeth und ich saßen in einem kleinen Café in *Glockenbach*. Das ist ein Münchner **Viertel** mit vielen Bars und Restaurants.

„Hast du Wastl eigentlich **wiedergefunden**?", fragte Elisabeth und **nippte an** ihrem Cappuccino.

„Ah ja", sagte ich. „Am nächsten Tag habe ich ihn

gefragt, und er hat gesagt *wir* sind verschwunden, nicht *er*."

„Alles eine Frage der Perspektive", sagte Elisabeth.

„Apropos Perspektive", sagte ich und trank einen Schluck Espresso. „Wie geht's mit deinem Artikel?"

„Mein Artikel?", sagte sie. „Über das Oktoberfest?"

„Ja", sagte ich. „Bist du **fertig**?"

Elisabeth stellte ihre Tasse auf den Tisch und sagte: „Dino, ich muss dir etwas sagen. Es gibt keinen Artikel."

„**Wie meinst du**?", fragte ich. „Hast du ein Problem mit deiner Zeitung?"

„Nein", sagte sie und seufzte. „Ich bin keine Reporterin. So, **jetzt weißt du** es."

„Oh", sagte ich. „Das wolltest du mir auf dem Riesenrad sagen, oder?"

Elisabeth nickte und sagte: „Du denkst jetzt sicher, ich bin **ein schrecklicher Mensch**."

Ich lächelte und sagte: „Quatsch! Aber ich verstehe nicht ... warum die ganze Story?"

„Na ja", sagte sie. „Ich war wirklich **einmal**

Reporterin. Aber dann haben sie mich gefeuert. Jetzt habe ich nur noch meinen Blog. Ich schreibe dort über Filme und **Filmgeschichte**. Also bin ich nach München gefahren, um die legendären Studios zu sehen. Und **als du mir sagtest, dass** du in den Studios arbeitest, **habe ich mich ... geschämt**."

Ich begann **unkontrolliert** zu lachen. Die **Gäste** an den Tischen **neben uns** drehten sich um.

„Du findest das lustig?", fragte Elisabeth. „Ich finde das **eher miserabel**."

„Oh Mann", sagte ich und **wischte** mir eine **Träne** aus den Augen. „Du hast gedacht, ich mache Filme, aber ich habe nur geputzt!"

„Was?", sagte Elisabeth. „Ich dachte, du bist **Kameramann, Maskenbildner, Beleuchter** ... **irgendetwas**! Warum hast du nichts gesagt?"

„Du hast nicht gefragt", sagte ich und grinste.

„Oh Mann", sagte Elisabeth und schüttelte den Kopf. „Ich kann es nicht glauben. Du *putzt* in den Bavaria Filmstudios?"

„Nein", sagte ich. „**Nicht mehr**. Mein Chef hat

mich gestern gefeuert."

„Oh", sagte Elisabeth. „Das tut mir leid!"

„Nicht so **tragisch**", sagte ich. „Der Job war schrecklich!"

„Und was machst du jetzt?", fragte sie und trank einen Schluck Cappuccino.

„Keine Ahnung", sagte ich. „Ich kann meine Miete in München nicht mehr bezahlen. Aber mein Bruder **hilft mir** vielleicht mit einer neuen Wohnung."

„**Du hast Glück**", sagte sie. „Ich habe keine **Geschwister**. Mit meinem Blog **verdiene** ich ein bisschen etwas. Aber München ist wirklich teuer. Nach diesem Cappuccino habe ich **gerade genug** Geld für den Zug zurück nach Shepperton."

„**Weißt du was**?", sagte ich. „Lass uns einfach verschwinden!"

„Wie meinst du, verschwinden?", fragte Elisabeth.

„Na ja", sagte ich. „Wir hatten eine schöne Zeit zusammen in München, oder?"

„Ja", sagte sie und lächelte. „Wunderschön!"

„Die Deutschen sagen, man soll immer dann

gehen, **wenn es am schönsten ist**", sagte ich. „Kennst du das **Sprichwort?**"

Elisabeth nickte und sagte: „**Du hast Recht.** Lass uns gehen!"

* * *

Eine Stunde später standen Elisabeth und ich auf einem **Gleis** am Münchener **Hauptbahnhof**. Neben uns standen zwei **Koffer**. „**Wirst du mir schreiben?**", fragte sie.

„Natürlich", sagte ich. „Und ich werde auch deinen Blog **lesen!**"

Elisabeth lächelte. Sie küsste mich auf die Wange, nahm ihren Koffer und stieg in den **Zug**. Dann drehte sie sich um und winkte. Ich winkte zurück. Die Türen schlossen sich. Der Zug **bewegte sich**. Ich winkte weiter und wartete, **bis** der Zug verschwunden war.

Dann nahm ich meinen Koffer und **suchte nach** einem Internet-Café. Vielleicht hatte Alfredo mir schon eine Email **geschickt**.

~

Viertel: neighborhood | **wiedergefunden**: found again | **nippte an**: sipped at | **fertig**: finished | **Wie meinst du?**: What do you mean? | **jetzt weißt du**: now you know | **ein schrecklicher Mensch**: a terrible person | **einmal**: one day | **Filmgeschichte**: film history | **Als du mir sagtest, dass ...**: When you told me that ... | **ich habe mich geschämt**: I felt ashamed | **unkontrolliert**: uncontrolled | **Gäste**: guests | **neben uns**: beside us | **eher**: rather | **miserabel**: pathetic | **wischte**: wiped | **Träne**: tear | **Kameramann**: cameraman | **Maskenbildner**: makeup artist | **Beleuchter**: lighting technician | **irgendetwas**: anything | **nicht mehr**: not any longer | **tragisch**: tragic | **hilft mir**: helps me | **Du hast Glück.**: You're lucky. | **Geschwister**: siblings | **gerade genug**: just enough | **ich verdiene**: I earn | **Weißt du was?**: You know what? | **wenn es am schönsten ist**: when it's most beautiful | **Sprichwort**: proverb | **Du hast Recht**: You're right | **Gleis**: platform | **Hauptbahnhof**: central station | **Koffer**: suitcase | **Wirst du mir schreiben?**: Will you write to me? | **lesen**: read | **Zug**: train | **winkte**: waved | **bewegte sich**: moved | **bis**: until | **suchte nach**: was looking for | **geschickt**: sent

93

 **Übung**

1. Elisabeth und Dino sitzen in ...

a) einem Restaurant

b) einem Café

c) einem Bierzelt

2. Elisabeth arbeitet ... für eine Zeitung.

a) nicht mehr

b) jeden Tag

3. In ihrem Blog schreibt sie über ...

a) Essen

b) Filme

c) Städte

4. Warum hat sich Elisabeth geschämt?

a) Sie dachte, Dino arbeitet beim Film.

b) Sie dachte, Dino hat viel Geld.

c) Sie dachte, Dino ist sehr schön.

5. Elisabeth hat ... Geschwister.

a) zwei

b) drei

c) keine

6. Elisabeth hat gerade genug Geld für ...

a) den Zug zurück

b) den Flug zurück

c) das Schiff zurück

7. „Man soll immer dann gehen, wenn es ... ist."

a) am langweiligsten

b) am schönsten

c) am schrecklichsten

8. Warum sucht Dino nach einem Internet-Café?

a) Er wartet auf eine Email von seinem Vater.

b) Er wartet auf eine Email von Elisabeth.

c) Er wartet auf eine Email von seinem Bruder.

Answer Key / Lösungen

1. b, a, c, a, c, a,
2. b, b, a, c, b, a, c, a
3. a, c, a, b, a, a, c, b
4. b, a, b, a, a, c
5. b, a, c, b, a, a, b
6. b, c, a, b, c, b, a
7. c, b, a, b, c, a, c
8. c, a, b, a, b, c, b, a
9. a, b, c, a, a, c, b
10. b, a, b, a, c, a, b, c

Ready For Your Next German Learning Adventure With Dino?

Momente in München is only the 4th episode of a whole series of exciting German short stories for beginners. Follow our protagonist to Frankfurt, Cologne, Munich, Zurich, Vienna and many other cities! Before you know it, you'll have travelled half of Europe and picked up more German than years' worth of expensive courses.

1. Café in Berlin

2. Ferien in Frankfurt

3. Karneval in Köln

4. Momente in München

5. Ahoi aus Hamburg

6. Plötzlich in Palermo

7. Walzer in Wien

8. Zurück in Zürich

9. Digital in Dresden

10. Schlamassel in Stuttgart

All books are available on Amazon, Kindle, Apple Books, Kobo, Barnes & Noble, Book Depository or as direct downloads from books.learnoutlive.com

Get Free News & Updates

Visit the link below to sign up for free updates about new and upcoming books, discounts, German learning tactics, tools, tips and much more.

learnoutlive.com/german-newsletter

——

We're also on Facebook and Twitter:

Search for „learnoutlive german books"

About the Author

 **André Klein** was born in Germany, grew up in Sweden and Thailand and currently lives in Israel. He has been teaching languages for more than 15 years and is the author of various short stories, picture books and non-fiction works in English and German.

Website: andreklein.net

Twitter: twitter.com/barrencode

Blog: learnoutlive.com/blog

Acknowledgements

Special thanks to Deborah Hanson, Franz M. Krumenacker, Eti Shani, Ali Al-Khalidi, Jeffrey Lewis, Dave Doughty, Eva Herrmann-Kaliner, Carolina Röller, Nina Oortman and Sanja Klein.

———

This book is an independent production. Did you find any typos or broken links? Send an email to the author at andre@learnoutlive.com and if your suggestion makes it into the next edition, your name will be mentioned here.

You Might Also Like ...

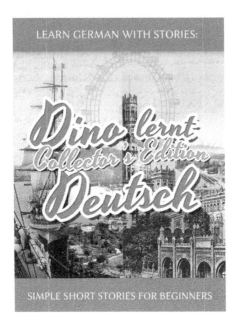

This collector's edition comprises episodes 5-8 of the Dino lernt Deutsch story series for German learners: Ahoi aus Hamburg, Plötzlich in Palermo, Walzer in Wien and Zurück in Zürich.

available as paperback and ebook

Experience the Dino lernt Deutsch series on your stereo or headphones, at home or on the go. Narrated by the author with special emphasis on comprehension practice and pronunciation, these audiobooks are designed for an immersive experience.

available on Audible, Apple Books and as MP3
more info: books.learnoutlive.com/audio

This collector's edition comprises the first five episodes of the popular "Baumgartner & Momsen" crime and mystery series for intermediate and advanced German learners: Mord am Morgen, Die Dritte Hand, Des Spielers Tod, Zum Bärenhaus and Heidis Frühstück.

available as paperback and ebook

This interactive adventure book for German learners puts you, the reader, at the heart of the action. Boost your grammar by engaging in sword fights, improve your conversation skills by interacting with interesting people and enhance your vocabulary while exploring forests and dungeons.

available as paperback and ebook

Learn German with stories and pictures:

B E R T

DAS BUCH

or: How the books learned to love the future

André Klein

Help Bert unravel the mystery of the book-threatening "reading machine". What does it want? Where does it come from? And will he be able to protect his leather-bound friends from its hungry jaws?

available as paperback and ebook

Thank you for supporting independent publishing.

learnoutlive.com

Made in the USA
Las Vegas, NV
28 December 2023